....

de coração

A você, mãe,
com muito amor,

....

Para minha Mãe
de coração

Organização de
LEONILDA MENOSSI

Paulinas

Uma simples mulher que,
pela imensidão de seu amor, tem um pouco de Deus;
e pela constância de sua dedicação, tem muito de anjo;
que, sendo moça, pensa como anciã
e, sendo velha, age com todas as forças da juventude;
melhor que qualquer sábio,
desvenda os segredos da vida,
e quando sábia, assume a simplicidade das crianças;

pobre, sabe enriquecer-se
com a felicidade dos que ama,
e rica, empobrecer-se para que seu coração
não sangre ferido pelos ingratos;
forte, entretanto,
estremece ao choro de uma criancinha,
e fraca se alteia com a bravura dos leões...

(DOM RAMON ANGEL IARA)

Era este menino que eu pedia,
e o Senhor concedeu-me o pedido.
Por isso, agora, eu o dedico ao Senhor.
Por toda a sua vida
será dedicado ao Senhor
(1 Samuel 1,27-28).

Mãe, ser filho é uma aventura intraduzível.
Simplesmente é bom demais, mãe!
Te amo do meu jeito imperfeito,
mas te amo muito!
(PE. ZEZINHO)

**Nos momentos difíceis,
penso em ti e busco jeito dentro de teu olhar
confiante e sem medo.
Mais uma vez acredito na vida.**

(J. Alves)

Para os desafios da sociedade,
Deus te fez mulher,
mas para o amor, a ternura e o carinho,
Deus te fez mãe.

Mãe é aquela que gerou no ventre
e também aquela que gerou no coração.

Deus não podia estar em todos os lugares,
por isso criou as mães.
(DITADO POPULAR)

Mãe, sois vós que tendes nas mãos
a salvação do mundo.

(León Tolstói)

*Quando uma mulher concebe,
está cumprindo o seu destino.
Está servindo de ponte entre a Vida e a Luz.
Está sendo iniciada na grande lição do Amor.*

(MARGARETH FIORINI)

O Senhor falou a Moisés:
"Fala a toda a comunidade
dos israelitas e dize-lhes:
cada um de vós reverencie sua mãe".
(CF. LEVÍTICO 19,3)

Quando Deus tem seu altar no coração da mãe,
a casa toda é um templo.

(Gertrude von Le Fort)

O começo do homem
está no coração de sua mãe.
(João Paulo II)

A mãe é a mais bela obra de Deus.
(Abílio M. G. Junqueiro)

Uma boa mãe vale
por cem excelentes mestres.
(GEORGE HERBERT)

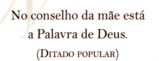

No conselho da mãe está
a Palavra de Deus.
(Ditado popular)

Dai-me boas mães
e eu salvarei o mundo.

(Pio X)

As mães são como as flores:
elas se entregam gratuitamente,
perfumando a existência dos filhos.

Noemi disse às duas noras:
"Ide-vos embora,
volte cada uma para a casa de sua mãe!
Queira o Senhor que encontreis um lar,
cada uma com sua família".
Rute, porém, disse:
"Não insistas comigo para eu
te abandonar e deixar tua companhia.
Para onde fores, eu irei".
E Rute, que amava Noemi como mãe,
foi para ela melhor do que sete filhos.
(RUTE 1,7-8; 4,15)

O amor de mãe é o que mais
se assemelha ao amor de Deus,
que é gratuito, desinteressado
e se dá sem medida.

Quem é bom tem coração de mulher.
Quem ama tem coração de mãe.

(Gandhi)

Toda mãe conserva por si,
em traços de amor e luz,
a humildade de Maria
e a grandeza de Jesus.

(Auta de Souza)

*E*u sou feliz, minha mãe,
por ser fruto
de teu ventre abençoado!

(Luizinho Bastos)

Mãe... os anos passaram...
O cansaço foi chegando, suas forças diminuíram,
seus passos ficaram trôpegos e lentos,
suas mãos, trêmulas e fracas,
seu rosto, envelhecido.
Mas nada disso tirou de você o brilho nos olhos,
a ternura no semblante
e o sorriso aberto,
sempre pronto para nos acolher.
(C. Weschenfelder)

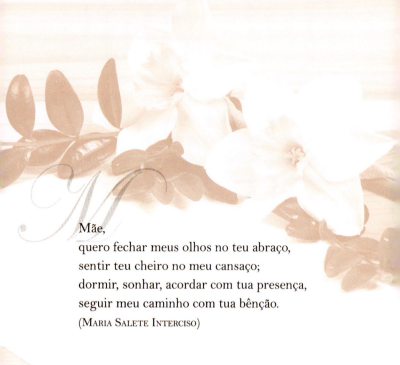

Mãe,
quero fechar meus olhos no teu abraço,
sentir teu cheiro no meu cansaço;
dormir, sonhar, acordar com tua presença,
seguir meu caminho com tua bênção.
(MARIA SALETE INTERCISO)

Duas mulheres discutiam na presença do rei:
"Meu filho está vivo, o teu está morto".
"Não é verdade! O meu está vivo".
Disse então o rei Salomão:
"Cortai o menino vivo em dois,
e dai metade a uma e metade à outra".
A mulher cujo filho estava vivo sentiu
nas entranhas tal compaixão por seu filho,
que disse ao rei:
"Por favor, dai a ela o menino vivo".
E o rei soube que esta
era a mãe do menino.
(Cf. 1 Reis 3,16-27)

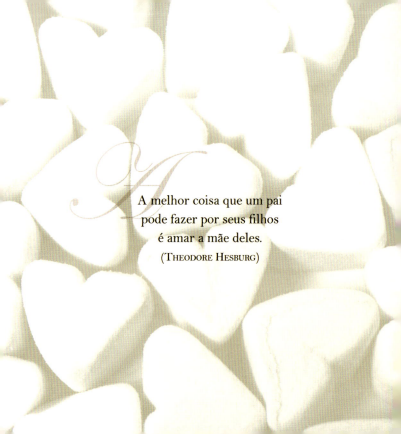

A melhor coisa que um pai
pode fazer por seus filhos
é amar a mãe deles.
(THEODORE HESBURG)

Os fundamentos de uma casa,
a parte mais importante,
não se encontra na terra,
mas no coração da mãe.
(Lydia Jackson)

A canção de ninar cantada junto ao berço
acompanha a criança por toda a vida.
(HENRY WARD BECHER)

A palavra "mãe", escondida no coração,
aflora nos lábios nos momentos de dor e de felicidade,
como o perfume sai do coração da rosa
e se difunde no ar.

(S. Lawrence)

Mãe, você me gerou,
me acompanhou
e deu direção a meus passos;
me ensinou a viver e reconhecer
o amor em tudo o que faço!

(C. Beloni)

A gente nunca deixa de ser criança
enquanto tem uma mãe a quem recorrer.

(Sarah O. Jewett)

Uma lágrima de mãe
lava melhor nossos erros
do que todos os castigos e repreensões.

(PASTORINHO)

O pai é a pedra angular de uma casa,
mas a mãe, ah! Essa é a parte mais importante:
é o coração do lar!

Honra teu pai e tua mãe,
para que vivas longos anos na terra
que o Senhor teu Deus te dará.
(Êxodo 20,12)

Se viver já é uma dádiva de Deus,
gerar outras vidas
é a maior de todas as bênçãos.

(A. Josias)

Tornar-se mãe
é transformar-se
de dentro para fora,
para nunca mais ser
apenas o que se era antes,
mas uma bênção constante,
um amor em ação,
o reflexo mais puro
e intenso do Criador.

Não existe no mundo travesseiro
mais macio que o colo de mãe,
nem rosa mais bonita
que a sua boca sorridente.

(SHAKESPEARE)

Mãe, és um ser divinamente humano,
porque multiplicas a vida,
e humanamente divino,
porque a sublimas.

(L. Homero)

Para completar o homem,
Deus a fez mulher,
mas para participar do milagre da vida,
Deus a fez mãe.

Mãe cristã é a que fala de Deus para seus filhos, mas não esquece de falar de seus filhos para Deus.

Às vezes as palavras se perdem
na expressão da palavra "mãe".
Nenhum dicionário definirá
a magia do seu significado.
Mas em todos os idiomas,
traduz o mesmo sentimento.

(EDENISE F. T. MOREIRA)

Bem-aventuradas as mães
que fazem dos filhos alheios
os filhos do seu coração.

(IRIS M. BOFF SERBENA)

A mãe não mede esforços nem sacrifícios,
porque seu amor não tem limites.

Corrige teu filho e ele te confortará,
e te encherá de prazer.

(Provérbios 29,17)

As mães
são carícias de Deus
na terra.

O destino do mundo se encontra
no coração de cada mãe.

"Mãe" é a primeira palavra
que aprendemos a falar.
Não é coincidência;
é a necessidade de tê-la
sempre ao nosso lado.

Mãe:
não importa cor ou credo,
rica ou pobre,
mãe é sempre mãe.

Mãe, tu podes ensinar a arte da paz
num mundo em guerra
que tem sede deste néctar.

(GANDHI)

Mãe, a palavra mais completa
que alguém escreveu,
porque palavra
feita de alma e de coração.

Mãe, que o Senhor abençoe
sua vida e a cubra de luz
para que você seja sempre mais presença
do divino em minha vida.

Nenhuma influência é tão poderosa quanto a de uma mãe.
(SARAH JOSEPHA HALE)

Ensina o adolescente
quanto ao caminho a seguir;
e ele não se desviará,
mesmo quando envelhecer.

(Provérbios 22,6)

Mãe é aquela pessoa
com a qual contamos para as coisas
que importam acima de tudo.

(K. Butler)

A força da maternidade é maior
que as leis da natureza.

(Barbara Kingsolver)

Os homens são
o que suas mães fizeram deles.
(Ralph Waldo Emerson)

Para os ouvidos de uma criança,
a mãe é mágica em qualquer língua.

(ARLENE BENEDICT)

Mãe, agradeço por você existir,
por ter me escolhido
e permitir-me conviver com você
e dividir tantas histórias!

(FERNANDA PAULIV DE SOUZA)

Mãe é o nome de Deus nos lábios
e no coração das crianças pequenas.

(William Maria Thrackeray)

O olhar de nossa mãe
é parte de nossa alma.
(Alphonse de Lamartine)

Tudo o que sou
e que sempre desejei ser
devo ao meu anjo-mãe.
(ABRAHAM LINCOLN)

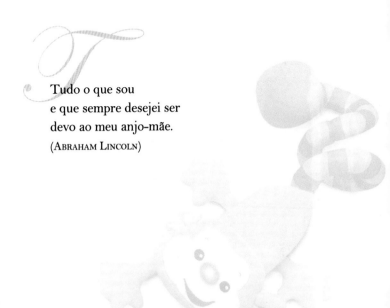

Filhos, obedecei,
pois isso é de justiça.
Honra teu pai e tua mãe –
este é o primeiro mandamento.

(Efésios 6,1-2)

Amor de mãe é paz.
Dispensa aquisição,
dispensa merecimento.
(ERICH FROMM)

Mulheres,
amem seus filhos!
(Cf. Tito 2,4)

O trabalho de um homem é de sol a sol,
mas o de uma mãe nunca termina.

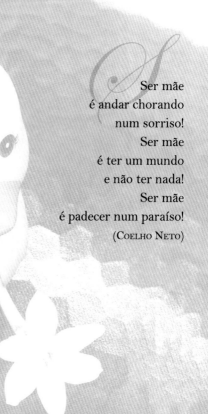

Ser mãe
é andar chorando
num sorriso!
Ser mãe
é ter um mundo
e não ter nada!
Ser mãe
é padecer num paraíso!
(Coelho Neto)

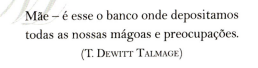

Mãe – é esse o banco onde depositamos
todas as nossas mágoas e preocupações.

(T. Dewitt Talmage)

O coração da mãe
é um abismo profundo,
no fundo do qual
sempre descobrimos o perdão.
(HONORÉ DE BALZAC)

Olhando para ti me dou conta
de quanto estou perto da ternura que tudo acalenta,
perto do amor que tudo compreende
e perto de Deus que tudo nos dá
sem nada pedir em troca.

(J. Alves)

Quando, nos braços, a mãe um filho carrega,
leoa perto dela fica mansa!
(Valquíria G. Malagoli)

*M*ãe não é alguém
para nos servir de apoio,
mas quem faz
o apoio ser desnecessário.
(Dorothy Canfield Fisher)

A melhor escola
é o colo de uma mãe.
(JAMES RUSSEL LOWELL)

Pensamento de mãe é como incenso
que os anjos do Senhor beijam passando.
(ÁLVARES DE AZEVEDO)

Maria, porém, guardava todas essas coisas e sobre elas refletia em seu coração.

(Lucas 2,19)

*Mãe,
que todos os dias
abençoas teus filhos,
que Deus te abençoe também.*

Dados Internacionais de Catalogação na Publicação (CIP)
(Câmara Brasileira do Livro, SP, Brasil)

Para minha mãe, de coração / organização de Leonilda Menossi. –
2. ed. – São Paulo : Paulinas, 2018. – (Coleção de coração)

Vários autores
ISBN 978-85-356-4403-6

1. Mães - Citações, máximas etc I. Menossi, Leonilda. II. Série.

18-14795   CDD-808.882

Índices para catálogo sistemático:

1. Mães : Citações : Coletâneas : Literatura   808.882
2. Mães : Máximas : Coletâneas : Literatura   808.882

Maria Paula C. Riyuzo - Bibliotecária - CRB-8/7639

2ª edição – 2018

Direção-geral: *Flávia Reginatto*
Editora responsável: *Andréia Schweitzer*
Coordenação de revisão: *Marina Mendonça*
Revisão: *Mônica Elaine G. S. da Costa e Ana Cecilia Mari*
Assistente de arte: *Sandra Braga*
Gerente de produção: *Felício Calegaro Neto*
Projeto gráfico: *Telma Custódio*

Nenhuma parte desta obra poderá ser reproduzida ou transmitida por qualquer forma e/ou quaisquer meios (eletrônico ou mecânico, incluindo fotocópia e gravação) ou arquivada em qualquer sistema ou banco de dados sem permissão escrita da Editora. Direitos reservados.

Paulinas
Rua Dona Inácia Uchoa, 62
04110-020 – São Paulo – SP (Brasil) – Tel.: (11) 2125-3500
http://www.paulinas.com.br – editora@paulinas.com.br
Telemarketing e SAC: 0800-7010081
© Pia Sociedade Filhas de São Paulo – São Paulo, 2011